박일소 시인 제1시집

꽃 아래 마음의 거울, 놓고

도서출판 모던

책머리에

세월을 거슬러 산다는 것은

이제는 길을 택하지 않고 기다려 보는 날이 부쩍 많아졌다.

기다린다고 해서 내가 변하지 않겠다는 마음을 가지는 것은 그리 고무적인 일은아니다.

변하는 일이야말로, 세상을 향한 한 인간이 해야 할 상당히 괜찮은 덕목이며, 지극하고도 지순한 보편이며, 그리고 그것은 봄 오면 봄옷 갈아입는 처지로써의 타당이다.

변한다는 것을 자세히 들여다보면, 사실 그것이 아무리 천지개벽을 하는 듯 요란하게 변한다고 하더라도, 기실 변이되는 그 자신의 온전한 영육의 힘으로써 변화되는 것은 아무 것도 없다. 내부적으로는 대자연에 대한 순응이 있을 따름이며, 표면적으로는 우주의 순환 섭리를 좇을 뿐이다.

그런 두루뭉술한 길에서의 치열함은, 또한 그 토막난 길 안에서의 또 다른 우주에 대한 우리의 성스러운 경외일 것이다. 어쩔 수 없는 일이다.

오직 아름다운 것만을 아름답게만 받아들이고, 추한 것은 추하게만 받아들이는 순결한 거짓이여. 나는 오늘도 너와는 다른 방향으로 계단을 내어 걸어나가고, 너와는 다른 풍경 쪽으로 문틀을 만들어 내어 관찰하고 있다.

그리고 그 후 남은 찌꺼기로써, 그 이후의 향기로운 거름으로써, 어쩌면 어쩔 수 없는 불필요한 의식의 고단한 짐으로써, 또는 오래도록 간구해 온, 시리고 저린 내 인생의 뼛속까지 뜨겁고 영혼 밑바닥까지 화아한 간헐천 같은 확장된 지평을 위하여, 그 아래, 오늘도 나는, 나를 버리고 떠난다.

졸고를 엮어 발간한 첫 시집 [꽃 아래 마음의 거울, 놓고]를

먼 하늘의 별이 된 아들의 영전에 바친다

2009년 8월 박일소

차례

제 1부
물그림자로 다시 돋을지라도

제2부

젖은 눈빛 빈 가슴에 담고

제 3부
허공에 뜬 낮달로 남으리

제 4부
들꽃으로 다시 피어

제1부 물그림자로 다시 돋을지라도

장미

사랑이 깊어
하얀 마음 붉게 물들인 뒤
이 계절 내내 향기를 마셔도
갈증은 가시지 않네

너의 젖은 눈
빈 가슴에 박혀
상처가 깊을수록
꽃잎은 더욱 붉어가고

내 마음의 상처
화농이 짙어져
향기로 토하다 못해
밤마다 가시로 돋아나
내 사랑을 찔러 아프게 하네

여자의 일생

활짝 핀 꽃잎처럼 맺어진
인연의 끈은
어째서 이리도 질긴가

하루에도 열두 번씩
기막히게 조여드는 끈
아무리 맘속으로 놓아 버리려 해도
끊을 수 없는 당신과 나의 인연

쌓인 업보 모두 풀어헤쳐
숱하게 마음을 모아도
담석보다 더 아프게 다가오는 그대
전생에 무슨 죄 지있기에
내 무슨 업이 그리 많기에
흘린 눈물 다 모으면
강물로 그리도 넘치는가

바람 부는 날
연을 날리다 끈을 끊으면
초롱한 눈망울의 자식
연이 공중에 뜨지 못하고
눈가에 맴돌아
다시 잡아보는 질긴
인연의 끈

한 송이 장미의 기억

손끝에서
붉은 향기로 피어난
장미꽃 한 송이
허공의 투신하는
출렁이는 어둠
흐린 신발 소리 내며
긴 잠을 향해 떠났다

술잔에 뜬 뭇 별 하나
가슴 한쪽에 묻고
가벼운 마음 위로 떠돌며
어둠에 쌓이는 장미꽃 향기
내 가슴 한없이 사위어
하얀 재가 되고

못내 아쉬워
떠나는 버스 유리창에
얼굴을 그려 창밖에 둔 채
광화문 광장을 떠나도
마음은 떼어 거기에 묻었다

떠나는 거리마다
어둠이 다가오고
별빛 머금은 내 마음
붉은 장미꽃이 피어나지만
그대 가슴에 향기로 남아
어둠을 머물게 할 수 있다면
잠시뿐인 그대 뒷모습
길 잃어 흐릿한 외로움을

바라만 보아도 좋은 사람

눈을 감아도
떠오르는 얼굴 있어
하얗게 밝혀 버린 밤

그리운 그대가
가슴속 깊이 언제나 있고
바라만 보아도 좋은
그대 곁으로 몇 번이나 달려 갔던가

그대의 닫힌 창가에서
서성이다 말없이 돌아서던
허전한 발길
눈은 소리없이 내려
시리운 가슴을 적시고 있었다

별마저 잠들어 보이지 않는
외로움 가슴 적시는 밤
웅크린 마음
또 그렇게 그대 그림자 안고
그리움에 울다 지쳐
잠든 밤이 몇몇 날인지
헤아릴 수 없는데

바라만 보아도 좋은
그리운 사람
슬픈 이별이 되어
언제나 가슴에 남아 있다

연꽃 한 송이

분홍빛 연꽃 봉오리 열면
그대의 젖은 눈빛 타고
내 가슴에 밀려드는 그리움
그대는 연꽃으로 피어
내 가슴 물들이지만
발을 옮겨 디딜수록 밀려드는
깊이의 무게로
헤어날 수 없는
그대는 나의 늪입니다

흐르는 강물로 살아간
지난 세월 씻으며
연잎에 떨어지는 빗방울
내 눈물처럼 망울져
진흙 속 파고들지만
아름다운 연꽃 한 송이
내 마음 파묻은
늪에서 피는
자그만 사랑입니다

그대 그리워
물결로 달려가
늪에 핀 연꽃 바라보면
내 언제나 늪에 빠져 있지만
바람은 스쳐 마음 다독입니다

지하철 탄 귀뚜라미

해가 진 길 위에
별빛 헤매던 밤
지하철을 탄 귀뚜라미
무색의 공기에 젖는 것을
문득 보았습니다

어떤 사내의
신문지 위로 뛰어올라
앞으로 돌아올 세상을
읽어보고 싶어서
차창을 뛰어 넘었나 봅니다

흐릿한 불빛 아래
신문지 위의 귀뚜라미를
무심히 털어버리는
사내의 그림자와
나의 눈

십리 밖에 온 계절도
세월을 벗을 수 없는지
뼛속까지 스미는
가을의 입김에 빨려
슬픔에 겨워도
울지도 못하는
가을의 전령사
앞으로 꿈을 버리고
이제부터 방황을 시작합니다

아침을 여는 이 누구인가

엷은 안개 너울 펼쳐 놓은
환희의 빛깔로
살며시 다가와
그리움 안고
아침을 여는 이 누구인가

이슬 젖은 꽃이 아름다워
별빛으로 가슴을 밤새 열어 놓고
시리도록 피어
눈부시게 웃고 있는데
매정하게 닫아버린 마음

꽃 아래 마음의 거울을 놓고
밤새 마신 그리움이란 술
꽃은 제 그림자에 취해
아름답게 홀로 피어
가슴속으로 흐르는 빛
더욱 찬란히 떠오른다

생각은 흩어져 구름처럼 날리고
그 구름에 새긴 마음
그대 모습 묻었는데
쓸쓸했던 기억
황량한 꿈이 남아
외로움만 깊어진다

어젯밤 흐르던 탁류가 멈추고
잠시 먼 나라 꿈속을 헤매던
아린 가슴을 열어
속속들이 가을 햇살에 말려도
그대 없는 삶은 빛이 아니기에
먼 곳에 그대를 바라보며
그리움으로 꽃피우고
꽃잎이 흩어져 날려도
사랑할수록 더 쓸쓸해지는 날
아침을 여는 이 그 누구인가

눈 내리는 밤은

눈 내리는 밤은
그대가 너무나 보고 싶어
눈 길로 훨훨 날아가 보지만
어느 쯤에선가 가슴이 타버려
텅 비어 버린 마음
아, 사랑
그리움 눈물 같아서
흰 눈으로 한꺼번에 쏟아져
그대가 머무는 근처
나뭇가지 끝에
하얀 그리움으로
밤새
소리없이 내려앉는다

설악산

비단결 부드러운 치마폭을 늘어뜨리고
하늘 내려와 앉은 설악산

구름을 뚫고 솟은 봉우리
하늘에 닿고
골짜기마다
바위를 타고 흐르는
비취빛 맑은 물소리

오롯이 안겨오는 너의 모습
애잔한 그리움
그 품에 안기고 싶어
다시 찾은 절세미인

고운 자태 아름다움에
말문이 막혀
세월가도 바라지 않는
오색영롱한 무지개 빛으로
영원히 사랑하리라

그리움의 비가 내리는 밤

홀로 잠드는 날이면
그대의 젖은 눈빛이
가슴을 파고들어
잠들 수가 없습니다

꿈꾸는 듯 젖은
그대 눈에 별이 흐르고
별빛 내 가슴에 물들어 오는 밤
그리움 깊이 쌓이는 돌무더기
무게로 눌리는 목마름에
남몰래 속울음 웁니다

갈기갈기 찢겨진 마음 위로
무수히 비가 내려도
젖은 꽃이 꽃망울 맺혀
말없이 찾아들어
가슴속 파고드는 외로움
빗물로 마냥 흐르고
꿈속 아련하게 떠도는 그리움
혼자 저만치 걸어갑니다

그대를 접은 하얀 그리움
터질 것 같이 가슴 차오르면
아무것도 남지 않을 것 같아
안으로 삭히려 해도
그리움의 비가 내립니다

나는 그대가 쳐 놓은
그물에 걸린 인어
물거품으로 스러지는 사랑일지라도
오늘 밤 그대가 그립습니다

눈사람
—빈 들녘

그대 그리움
흰 눈으로 내리는
빈 들녘

홀로 걸어가는
외로운 발길

뜨거운 가슴으로 안아
허망하게 녹아버린
눈사람

허공 떠도는 마음
눈물되어
흰 눈은 내리고
또 그렇게 그리움되어
내린다

눈사람
ㅡ순백의 눈

불타던 가을에
못 잊을 꿈 하나
가슴에 심었었지만
허망하게 눈사람으로
녹아내리고

천 리 밖 불을 켜고
기다리던 오지 않는
그리움도
순백의 눈 속에
쓸쓸히 묻혀 가는데

눈송이만큼이나
수많은 정열의 꿈도
눈물 속에 녹아
이제는 잊어야 할
눈사람

눈사람
—붉은 속 울음

아름답게 물들던
가을이 가고
눈사람 되어 버린
못 잊을 사랑
그리운 사연
여기 두고 갑니다

정열의 그 사랑
가슴에서 녹아
눈물 되어 내리기에
녹지 않게 하기 위해
눈 내리는 차가운 들녘
여기 두고 멀리 갑니다

안녕이란 말도 못하고
칼바람 맞으며
붉은 속 울음 삼키며
그리움 안은 채
정처없이 눈보라 바람 속으로
차마 못 잊어 뒤돌아 보며
여기 두고 홀로 갑니다

싸리꽃

부드러운 가을 날씨에 속아
노란 이파리에
자색 홍반을 열고
흐드러지게 핀 싸리꽃

어턴턴 설타니 서니 설타니

알아듣지 못할 말로 염불을 외우던
얼굴도 잊은
싸리비를 잘 만들던 이웃집 할아버지

송송 구멍 난 싸리울 사이에 두고
찾아갈 때마다
화롯가 묻어둔 군고구마
내어주시곤 하던 그리운 시절

싸리비 만드시다 검붉게 타버린
할아버지 살갗이 되어
붉게 피어 있네

새가 되어 난다면

푸른 창공을 날아
별로 뜨는 작은 새야
오늘은 잠도 잊었구나

어디든 날고픈 날개 달고
그대 따라 날아가
낯선 풀숲에 홀로 머물지라도
마음에 둥지를 틀고
지친 그리움
허공에 뜬 낮달로 남으리

넓은 바다에 누워
물결치는 대로 마음 가는 대로
세월의 날개를 파닥이며
별빛 쪼아 물고 그대를 부르리

혼자 기다린 여름 밤
찬란히 비치는 별
내 마음 위
가슴에 파장 일며
더욱 빛나는가

한세월 흐른 뒤
백발이 되면
그때 간절했던 그리움
내 아름다운 사랑이라고
말하리

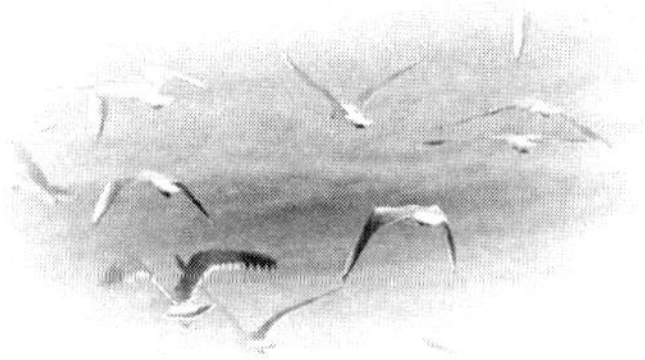

하얀 그림자

눈 내리는 언덕에
아무도 몰래
그대 이름 석 자 써놓았다
보고픈 그리움도 같이 써놓았다
하얀 눈에 덮여 안타깝게 지워지면서
차가운 눈보라 바람 속으로
떠도는 그리움
떨리는 오열에 아려 오는
가슴속 슬픈 빛
아,
그대는
언제나 손 내밀어 보지만
녹아 떨어지는 눈으로
아프게 다가왔다가 사라지는
하얀 그림자뿐이다

창포

아버지의 뒤뜰엔
창포 꽃이 줄지어 피어나고

단옷날 창포물에 감은
곱고 긴 어머니의 쪽진 머리

바람이 불면
아침 이슬 머금고
하늘하늘 피어
유년의 맑은 강물 소리 들리는

모시옷 정갈한 부모님 모습이 어려
선비로 피어나는 꽃

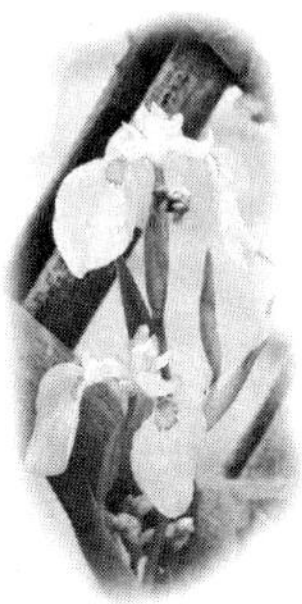

갈대
—서글픈 사랑

비가 올 듯 흐려
올라 간 하늘 공원
물안개에 잠긴 한강줄기

갈대의 손짓은
하늘을 향해 하여도
안개 속에 헤메임은
아무도 보이지 않는다

잊으려 하면 더욱 다가와
뚜렷이 떠오르는
그대 얼굴 때문에
가슴속 엉켜버린 하얀 머리칼 되어
서러움만 길어 나고

아름다운 정취에 취한
안개비 자욱한 날에
맺힌 눈물 그리움 깊어져
들리는 듯 들리는 듯
고적한 그대 음성
흐느낌인가

처얼철 마냥 서러운 가을 빛
화려한 우수에 젖어
갈잎 피리 불어 댄다

안개 낀 하늘 공원엔
허리 꺾인 갈대만이
바람 속에 서성이고
사랑의 갈망으로
그리움에
말라버린 몸 줄기

세월이 가고
그대도 가고
나 또한 가고
여울지는 가을
꽃빛 하얀 산언덕에서
안개에 가려져
가슴 속 하나 가득 눈물 맺힌
잊어야 할 서글픈 사랑 하나
갈 길을 잃었다

갈대
— 하얀 그리움

하얀 그리움으로
그대 불러도
붉은 노을이 물들어
매정하게 묻혀 가네

어둠 속 혼자 남겨진 산등성이
처얼철 마냥 서러웁다
파스칼의 그리움

어둠이 내려앉은 갈대 숲
깊게 자리한 마음 휑한 바람소리
이 가을 외로움에
꺾인 허리로 울다 지쳐

그대 가슴에 오래도록 머물고파
사랑의 갈망에 말라버린 줄기
뿌리깊은 흐느낌이 하얗게 날린다

수몰지의 꿈

열여섯에 시집와
평생을 지아비 뼈를 묻고 산
고향
물속으로 가라앉는다

장독간 옆 감나무
산채 물에 잠겨 들고

손끝으로 묻어나던
봉숭아 꽃 사랑도
소리없는 아픔으로
깊게 아우성친다

세월의 깊이만큼
팔순 촌로의 꿈도
함께 묻혔다

모악산

동적골 지나
산으로 오르는 길
은빛으로 흐느끼는 갈대들의 외침
가지 끝에 붉은 감은
찬서리를 잔뜩 머금었다

쏟아진 가을 햇살에
누런 벼가 익어가면
코스모스 가녀린 허리는
바람결에 속살거리고
바지랑대 끝에 날으는 고추잠자리
가을 준비에 바쁜 날갯짓이다

장군봉 돌아드는 봉우리 너머
산신 할머니 사시는 동골
가슴을 타고 온 어머니 젖줄에
목 축이고 고개 들면
멀리 산허리를 돌아드는
섬진강이 가물가물 보인다

모악산 남쪽 끝자락에 앉아
어둠 깃든 적막한 금산사 풍경소리
견훤의 애끓는 외침이 서려
애처로이 들국화 피어있는 승방 모퉁이
붉게 물든 나뭇잎은
바스락거리며 거리를 뒤덮고

저물어 내려오는 산길
가을 들판은
가슴을 적신다

*모악산- 전주시 남쪽에 있는 어머니 산
*동저골-모악산 동쪽에 있는 마을
*동골- 모악산 봉우리에 있는 암자
*금산사-백제를 건국한 견훤이 아들들에 의해서 갇혀 있다 죽은 절

코스모스 연정

코스모스 다정하게 여울지는
가을이 오는 길목
푸른 하늘이 가득한 날에
순정을 한아름 안고
그대 만나러 가려네

길 가
바람결에 볼 부비며
하늘하늘 반기는 허리 긴 코스모스
꿀벌 몇 마리 노란 꽃가루에 날개 비벼대며
수액을 빨아 들이는 날에
수줍은 소녀의 그리움으로
그대 만나러 가려네

그리하여
다정한 속삭임으로
마주서서
맑은 가을을 얘기하려네
푸르른 사랑을
정답게 노래 부르려네

가을 들녘에서 그대와 함께

이름 모를 풀꽃들이 피어나는
가을 들녘에서
그대의 넓은 어깨에 기대앉아
푸른 하늘 바라보노라면
내 몸은 솜털처럼 가벼이
구름 되어 꿈으로 피어오르고
부풀어 오른 가슴 끝 닿을 줄 모르는
그리움으로 그대 향해 출렁이며 떠있다

하얀 갈대들이 산등성이마다
피어오르는 숲에
그대의 가슴에 얼굴을 묻고
사랑스런 눈빛으로
행복을 꿈꾸고 싶은
은빛 햇살 내리는 가을날
별빛 내릴 때까지
그대 눈 속 별로 헤메이다
아름다운 변주곡을 울리는
풀벌레 음악소리 목청껏 들리는 숲 속에서
그리움으로 그리움으로 피어올라
황홀한 꿈속에 풀꽃 되어 묻힌다

겨울산

바람이 불 때마다
나무 가지 끝에 핀
눈꽃이 우수수 지고

가녀린 어린 산새소리
어미를 찾는데
하늘가 외로운 둥지는
구름을 오라 손짓하네

얼음보다 시린 눈물
마음 아려
녹아 떨어지는 개울물 소리

산짐승도 시름을 못 잊는
겨울 산
피는 눈꽃

발길 멈춰
옛 생각에 젖어드네

제2부
젖은 눈빛 빈 가슴에 담고

안개사랑

고요의 하늘에서
내 뼈는 부서져 별이 되고 있다
떨어져 나와 누운 별이 눈부셔
그대의 옷자락 소리를 내는지
흐린 하늘 중에도
비가 내리려는 거리엔
오늘 밤
바람이 나뭇잎새 흔들고
비란 비는 눈물로 내려서
눈물이란 눈물은 모두 모여서
창가에 구름으로 걸린다
아릿한 그대 그리움 뒤에 두고
여기를 떠나서
어디로 가려는 것이냐
시든 꽃이 보이면 다시 돌아
불 꺼진 창에서 울려느냐
욕망이 솟구쳐 불타던 정열
한순간 떠도는 구름으로 머문다 해도
뼈로 굳은 사랑은 흔들리고 있다
그대 그리워 불태웠던 사랑
가슴속에 떠도는 향기로 남아
그대 그리움은 모여들고 있다
지금은 그대 생각에 젖는데
창밖엔 안개뿐이다

그대를 보내며

달빛 흐르는 가을 뜰에 서니
붉은 낙엽 바람에 지고
차가운 서리 속에
국화꽃 시들어 간다
하늘은 높아
별빛 쏟아지는데
술은 취해도
오가는 잔은 끝이 없고
잔 속에 뜬
그윽한 그대 눈빛
그리움 마셔도
주(酒) 갈증은 한이 없네
그대와 함께했던
열정의 수많은 추억
가을 깊이로 쌓이는데
이 밤
나뭇잎새에 실어
떠나 보내고 나면
그대 사랑 흐르는 정
가슴속에 남아
향기 되어 흩어진다

국화주

하늘빛 아침 이슬 머금고
노란 국화 피어나면
바구니 가득 꽃을 딴다.

술 빚는 어머니 곁에
뒷짐지고 서성이던 아버지
그리움 방안 가득하고

동생과 함께 몰래 먹던 텁텁한 막걸리
싸하게 목젖을 타고 내리던 날
별빛 내릴 때까지
뒷산 무덤가에 앉아
걱정을 끼치던 어린 시절
흐린 눈 속에 차고

뜰 안 가득 시리도록 피는 국화를 보면
애야, 명절에 쓰게 술 빚으련다 국화꽃 따오너라 던
어머니의 그 음성
무거워진 눈꺼풀 위로
강물 되어 흐른다.

산소에서

까치가 둥지를 튼 빈 가지 끝에
시린 겨울이 내려앉아
싸늘한 바람이 볼을 스치고
붉은 명감 입에 물면
떫은맛 혀끝에서 부서지네

누런 잔디 덮인 양지 바른 곳
그리워 고개 숙이면
어느새 무거워진 눈꺼풀에
시큰해지는 콧날
국화주 화전 몇 번 더 해 드시지 않고.

솔가지 꺾어 산소에 놓고
어버이 생전 안고 내려오는 산길에
산새소리
솔바람 소리
물이 드는 가슴
시려라

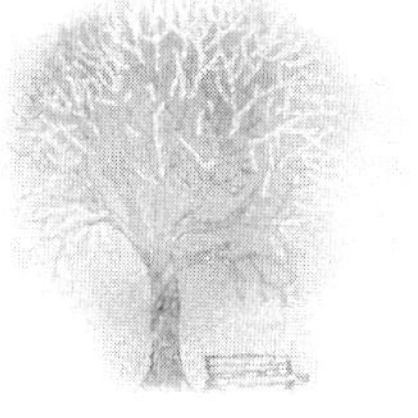

정자

하늘바람 부채에
헛기침하시며
정갈하게 모시옷 입으시고
시조 읊으시던 아버지

모시옷 정성어린 손길
다듬이 소리가 깊은
어머니 몰래 벽장에 감춰둔 꿀 훔쳐먹던
별빛 떨어지는 청정한 여름밤
묵향 가득한 아버지 서재에서
맴을 돌고

서유기 이야기에
넋을 놓고 귀 기울이던
초롱한 눈매가 선하고

등에 업은 어린아이 정자에 내려놓고
꿈처럼
바람처럼
그 시절 아버지를 보네

봉숭아 꽃물들이며

부드러운 바람결 타고
내 외로움처럼 흔들리는 꽃잎
한여름 뜨겁게 물든
그리움
또아리 틀고
순수 꿈으로 번질까

꽃잎의 한쪽은 손톱에 물들이고
꽃잎의 한쪽은 가슴에 멍 들인다

스치듯 지난 시간이
그리움뿐인데
쓸쓸했던 그대 뒷모습
잎새의 새긴 마음인데
그리운 구름 꽃잎 띄우면
눈물 한 방울 떨어질까

벙어리 냉가슴에 새긴
연분홍 꽃물
꽃잎에서 묻어나온 흔적
아련한 추억이 남은 뒤안길 돌아
내 긴 그림자 위로
바람은 연신
그리움 물들인다

하늘 아래 첫 동네 1

맑고 고운 하늘이 내려와
나뭇잎이 더 파란가

보랏빛 엉겅퀴가 피고
코스모스 해맑은 하늘 아래 첫 동네엔
물소리마저 파래서
내 안에 물들고

곱디 고운 손
벗은 발
물에 담그니
마음까지 물들어서

어느게 나무인지
그대인지
분간을 못 하겠네

하늘아래 첫 동네 2

눈을 머리에 쓴 푸른 소나무
노란 산수유가 피고
산꿩이 알을 품는
하늘 아래 첫 동네

보랏빛 제비꽃 한 움큼 꺾어
머리에 꽂아 주던 그대
향기로운 꽃
그 향기에 취해 찾아가는 동네

임 있을 것 같아 찾아 왔는데
그대 모습 보이지 않아
부덤가 잔디에 앉아
눈을 감는다

장미
—가시의 사랑

장미를 꺾어 보니
송이송이마다
눈물이 지네요

가시에 찔린
깊어진 상처가
붉은 꽃잎으로 피어

마음 깊숙이 자리한
사랑의 정열
소리없이 열어 놓고

눈물 보이지 않으려
입가에 웃음 머금은 눈빛
이슬 맺혀진 진한 그리움
젖어오는 향기

아픈 속 아림으로
가슴 속 푸르게 푸르게
품어내고 있네요

오월의 사랑

아카시아꽃 하얗게 피는 날
종이 비행기에 향기 담아
날려 보내던 그 애

몇 날을 말 못하고 돌아서다
수줍게 내민 손
받을 줄 몰라
멀리 떠나 보낸
젊은 날의 사랑

다시는 돌아오지 못해도
아카시아 꽃피는 계절은
그리움이
주렁주렁 하얗게 매달려

그의 옷자락만 보여도
가슴에 꽃물 드는
파란 청춘이
젖어 내릴 때
행여
향기에 실려 찾아 오려나

숨소리 들리는 듯
설레이던 그 시절

봉숭아 꽃

손끝에서 묻어나는
아련한 그리움

뒤뜰 장독대에
꽃물들이던
정든 소꿉친구

사랑한다고
차마 입에 담지 못한
안타까움에

손끝으로 건드리면
날 다치지 말아요
외치며

여름날
뜨거움에 견디지 못해 터지고 마는
그리움인가

내 생애 씨앗 대지에 뿌리고
도르르 말린다

엉겅퀴

가시 붙은 잎과 줄기
아픈 줄 모른 여린 손
보랏빛 꽃이 좋아 꺾어주던 너

들에 서면 들꽃 되어
흐드러지게 웃던
그때가 어제인 듯
보고파지네

길가에 핀 네 모습
너무 반가워
눈물 글썽인 채
해지는 줄도 모르고
돌처럼 서 있었네

그대가 머무는 동안은

그대가 내게 머무는 동안
참 행복했었습니다

힘에 겨울 때도
아플 때도
그대가 있었기에
삶에 의욕도 힘도 생겼었지요

그대가 나 사랑하고
내가 그대 사랑할 땐
기쁨으로 가슴은 충만했었습니다

이제
그대
떠나 보내고
바람에 나뭇잎 떨리는 소리에
행여 다시 돌아오려나 문밖에 나가
지는 해 바라보다
그리움으로 가슴 채우며
하루가 천년으로 살아갑니다

그대가 내 심장에 쏘아 보냈던 사랑의 화살
뽑아버린 화살 자욱에서
흘린 피가
온몸을 적시다 못해
나뭇잎마저 붉게 물들어
터질 듯 마음 저려 오지만
말없이 보내오리다

그대여
이왕 가셨으니 살아가는 동안
이 생 다하는 날까지
행복하시라 절절한 기도 올립니다

내 마음 그대를 향해

한아름 나리꽃 안고
산빛 깨치며 숲 사이를 건너
어느 날 갑자기 다가선 그대 모습
기다림에 지친 외로운 가슴
그리움의 향기로 물들이네

격정의 늪으로
마구 달려가는 것은 마음뿐
그대가 사는 하늘 그 아래
그리움 가득 실은 향기 날린다

아는 듯 모르는 듯 말이 없고
하루에도 몇 번씩
별빛 떨어지는 숲에 홀로 앉아
그대 모습 그려보지만
스치듯 지난 기억은
한줄기 그리움에 젖은 불빛 타고
마음의 새가 되어 날아가지만
하늘 아래 한없이 겸손한 잠이 들어
꿈속에서 만난다

내 가슴 속
물결로 밀려드는 그리움 못 이겨
일곱빛갈 무지개 꿈 안고
그리운 그대가 머문
창 밖 한동안 서성이며
외로움을 감싸 마음 풀어낸다

가을 숲길

가을 햇살이 내려
흙 담 너머로
빨간 고추가 익어 가고

황금 물결 출렁이는 들길
낡은 모자를 둘러쓴 허수아비 손짓에
알밤 익는 소리

추녀 끝으로
맑게 갠 하늘이 들어와 앉는
숲길을 걸으면

그대 향기에 취해
붉어진 얼굴로
들꽃만 본다

빈들

추수를 끝낸
서리 내린 황량한 빈들에
가난에 찌든 볏짚이
웅크리고 앉아 있다

털털대던 경운기 소리도
멀어져간 스산한
들녘

누더기 걸친 허수아비엔
참새 떼도 떠나고 오지 않는데

이국의 갈까마귀 울어 대고
장승이 버티고 서 있는 너머
멀리 초가엔
저녁연기가
모락모락 피어 오른다

외출
—조카 명옥이

아스팔트 길 위에
노란 은행잎
비에 젖어 흩어지는 날
가슴 깊은 곳에서
시린 눈물이 흐르고

서른 두 해를 꽃 피어
여섯 살 고사리 손잡고
돌아오지 않는 외출을 했니
모든 것 다 버리고 빈손으로

빗살 담은 삶의 무게
어디에 내려놓고
한 줌 이슬로 사라져
어느 풀잎에 다시 맺혀
기억의 꽃이
훗날 피려는가

사랑
_아지랑이로 왔다가는

사랑은 흐르는 거라고
그대는 말하지
내 인생에 모든 게 다
흐르고 있었어
구름도 흐르고
그리움
사랑
인생
다 흘러가고 있었어
이제 그만
나 그대에게
머무르고 싶었는데
봄날
아지랑이로 왔다가는 그대는
사랑은 흐르는 거라고
쓸쓸하게 말하네

사랑
—남겨진 사람

사랑은
진실한 사람에게만 보이지
그 가슴이 한없이 따뜻해져
그렇게 보기 때문이지

사랑은
참된 사람에게만 오지
그 가슴이 깊어서
가득 담을 수 있기 때문이지

오만한 가슴엔
찾아오지 않지
사랑이 찾아와도
모르고 그냥 비켜가지

사랑은
한세월 가도
그렇게 찾아오지만
항상 다시 또 그렇게 가지

사랑은
가는 사람은 모르지
그 사랑 모르지
정말 모르지
모르지

남겨진 사람만 알지

산수유 그대 향기

그대의 매운 향내
어느 이른 봄날
독하게 스며
가슴 깊은 곳에 피네

아지랑이 피는 먼 들녘
푸른 산언덕에
노란 꽃이
가인 되어 맺고 가네

하얀 목련

꽃등인 양
봄 뜰에 불 밝히고
님 기다리다
뚝뚝 떨어지더라도
눈물 보이지 마라

시름에 겨워
어느 봄날 소리 없이
진다

추운 겨울 헤치고
이제 돌아와 그대 앞에 서서
하얗게 웃는 너
순결함이 흰빛으로
환하구나

해바라기

대지에 묻은 발
뗄 수 없어
고개만 돌려
그대를 바라보는 마음

천년 세월 뒤안길에
항시 그만큼의 거리에서
주변만 맴돌다가

가슴을 적시는
그리움
아픔으로 남겨두고
그대를 보내고 마네

상사화
—언니의 꽃

비 젖는 봄 뜰에
새잎은 돋아나고

잎과 꽃은
님이 볼세라
그리움으로 피어난다

마루 끝에 기대어 먼 산 바라보며
누군가를 기다리던 언니

시린 눈물 머금고
시집가던 날
잎 진 자리에 피어난 난초 꽃

뒤돌아보며
뒷동산 넘어 건너마을로
가마 타고 가는
언니의 꽃

상사화
— 홀로 태워버린 사랑

진홍빛 붉은 꽃잎으로
타는 가슴 열어
애타게 임 그리다가
눈물 머금고 안타까움에
져버린 뒤
그대를 만날 수 없어도
멍든 상처 되어
푸른 그리움 안고
남몰래 다시 피어나는가

쓰린 가슴
안으로 새기며
그리움에 못 이겨
눈감아도 떠오르는
그대의 고운 자태
살며시 적셔놓고
못 견디게 그리움 물들이며
임 그리워 피는 꽃

그리움도
인생도 바람 같아
열정으로
홀로 태워버린 사랑
돌아보면 가슴 시리다

봄눈 쌓인 관악산

산과 산이 겹친 능선
하얀 눈꽃 쌓이고
바위 위에 솟은 연주암
푸른 하늘 이고
청계산 마주보고 섰네

우뚝 선 노송 사이로
바라보이는 한강 줄기는
한없는 꿈으로 길구나

한점 구름 흐르는 하늘은 드높아
산에 오르는 이들 얼굴마다
즐거움이 묻어져 있어
가슴속 파고드는 그대 사랑
봄 눈 쌓인 관악산 줄기 따라
무지개 꿈 심어 놓고

가슴 깊은 곳
그리움 가득 안고
그대의 정 손끝에 담아
내려오는 산길은
즐거움이 가득하다

부치지 못하는 편지

눈썹달이
가지 끝에 걸린 기나긴 밤
그대의 그림자 안고
소금 몇 알 깨물다
하얗게 사위어 가면
언어가 메마른 혀로
그리움 마음에 수놓았는데
보낼 곳이 없어 다시 접어
별빛이 쏟아져 얼굴로 다가오는
밤하늘 깊이 묻어 버립니다

눈감으면 발자국 소리 없이
다가오는 그대
내 안에 가두면 길을 잃기에
밤새워 가슴에 묻지만
타오르는 불씨 눈물로 지우며
그리움으로 쓰는 편지
웅크린 마음의 자락 위로 떠돌아
그대가 머무는 곳으로 가지만
아직도 부치지 못하는 마음
시린 가슴 위로 날아다닙니다

매화

매화꽃 눈부신
경기전 뜰
구멍 뚫린 고목 나무
그대와 마주앉았던 밀어 스민 벤치
그대로 인데

고목에 넣어 두었던 사연
행여 있을까
손 뻗쳐 보았지만 없었네

언제든 이곳에 오면
넣어 두자던 약속
간 곳 없고

그대 모습
그리움 되어
꽃잎만 하얗게 지고 있네.

* 경기전_전주에 있는 사적 제339호
용의 눈물 촬영지

제3부
허공에 뜬 낮달로 남으리

어떤 남자

문이 열리자
쓰러질 듯 지하철을 타는 남자
너무나 서글퍼 보인다

무심히 들여다 본
반쯤 풀린 동공
생각을 증발시키며
알 수 없는 깊이에 빠져있다

서글픈 표정의 눈동자는
생활의 지친
삶의 고달픔이 묻어있고

세상을 향해 무심코 쏟아내는
중얼거림에는
끝없는 원망과 고통이
누구도 근접할 수 없는
주변에 휘감길 때
까마득한 절망이
지하철 불빛에 섞인다

첫사랑이 종이 비행기 타고 내게로 왔네

첫사랑이 오월 어느 날
종이 비행기 타고
아카시아꽃 향기에 실려
그렇게 내게로 왔네
사랑한다는 말은 안 해도
종이 비행기에 실려 온
한 편의 시가
고운 눈을 반짝이며
사랑한다는 말 대신
아카시아꽃 속에 묻혀
사랑의 향기를 말없이
토해내고 있었네

봄날 꿈속에

그대가 꿈속에
한아름 꽃을 안고
내게 온 것은
그리움이
너무 깊은 때문인가요

봄빛 따라 꿈속에 왔다 가는 임아
여장도 풀지 못하고
정들이고 가는 님아
고운 꽃 피우는 봄날
그리움으로 휘감아 도는
여린 가슴에
아련한 그대 뒷모습만
아지랑이로 피어나네요

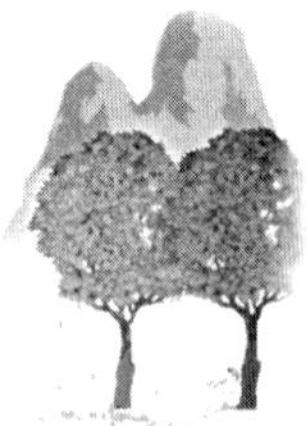

그대 그리움이

고요한 마음의 뜨락에
타오르는 불꽃으로 찾아온 사랑이
흰 눈 내리는 어느 날
운명이라 생각하고 잊으라는 말씀
글썽 젖어드는 눈시울
적시고 말았네
무슨 이유인지도 모르고
그냥 되돌아선 내 발길
아!
사랑은 잔인한 운명에 길들여진
장난 같은 것
마음 송두리째 앗아가
되돌려 주지 않아
꺼질 줄 모르고 타오르는 불꽃
잊어야 한다는 걸 알면서도
그대 그리움이
시린 가슴에 내리는
눈꽃으로 덮이네

후리지아

먼 산에 잔설이 녹아내리는
봄이 오는 길목
그대 만나러 가는 길에
노란 후리지아 진한 향기
가슴속으로 흘러들어
봄빛 한 다발 샀다

푸른대에 가녀리 핀
노란 꽃이 안쓰러워
꽃잎에 희망인
행운의 열쇠로
나비의 날개를 달아 봐도

그대는 언제나 그리움으로 남고
그대 문 앞에 서성이다
꽃바람으로 울며
되돌아서는 발길을
허전하기만 한데

죽도록 보고 싶은
그리운 그대가
시리운 가슴으로 젖어
나비는 밤이 되어도
날개를 접지 못 하고
드러낸 마음
그대 그리워
밤을 지새며 우는
내 안에 피는 사랑

후리지아

무지개 사랑

어느 날 갑자기 찾아 온 그대는
텅 빈 내 가슴에
무지개로 꽃피어
무지개 꿈 심어 주네

일곱 빛 찬란한 가슴이 되어
그대 사랑이
시린 가슴에 그리움의
향기로 가득 채우네

고려산 진달래꽃

못 가겠네
못 가겠네
나는 못 가겠네

환장하게 나를 보고
웃고 있는
저년 때문에
나는 못 가겠네

봄비 같은 그대

메마른 나에 작은 가슴 안에
꽃바람으로
가슴을 적시는지 모르게
서서히 다가와
그대는
그리움 가슴 깊이
촉촉이 적시고 가네요

봄

버들강아지 실눈을 뜨고
맑은 하늘을 바라다본다

터지는 꽃망울 부풀어 오른 가슴
바구니 넘치도록 욕심껏 담아 놓고

실바람에 실려온 봄
한아름 꺾어다 꽂으면

산수유 매운 향
방안 가득 퍼진다

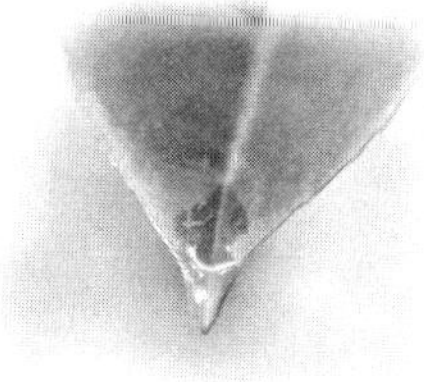

내 사랑 안녕

이제는 안녕해야지
그리웠던 내 사랑
아지랑이 핀 들녘에서
그대가 꽂아 주던
제비꽃도 어느덧 지쳐 시들어가고
여린 가슴 여며 주던
고운 심정도 침묵으로 피워서
땅 끝에 묻어 버리고
나,
이제
안녕해야지
눈물은 보이지 않을 거야
그리움도 지울 거야
외로움으로 떠돌다가
묻으려 했던
단 한 번의 사랑이
허망한 꿈이었기에
뒤돌아보지 말고
안녕해야지
그래 이제는 안녕해야지
질긴 정이 싹틀지라도
다 지우고 안녕해야지
지운 자리 핏빛일지라도
물그림자로 다시 돋을지라도

지워야지
지우고 또 지워야지
풀빛 그리움으로 피웠던 지난날이
진실이 아니라고 부정해도
그대를 향했던
내 마음은 어쩔 수 없었기에
잊으려 작별을 고합니다
한세월 흐른 뒤
닫힌 마음 그대 다시 와
아리게 두드려도
나 이제 문 걸어 잠근 채
아무에게도 열지 않으리라
그대만을 향했던 그리움 지울 거야
이제 안녕해야지
내 사랑 안녕!
안녕해야지
아무리 소리쳐 불러도
모른 체 안녕할 거야
이제 다시 부르지 마!
내 사랑 안녕
질긴 인연의
사랑의 굴레여!

봄비

푸른 보리밭이
이른 봄
비에 젖고 있었다

꽃바람으로 왔다간 사랑이
봄비에 젖어들어
내 가슴도 그렇게
하염없이 창 밖을 내다보며
그리움에 젖고 있었다

어이 여보게 자네

어이 여보게 자네
내 술 한 잔 받게
우리가 언제 또다시 만날지 모르잖겠나
살아 있으면 만난다는 말은 헛말일세
머리가 희긋희긋 하고 육신은 아프니
푸른 들 낯 익은 거리를 한가히 볼 수 있겠나
아무리 퍼 올려도 부족하기만 한 정
들녘에 핀 아름다운 꽃
추수가 끝난 가을 들판에 지는 해
맑디 맑은 푸른 하늘
같이 볼 날도 기약 없으이
어이 여보게 자네도
술 한 잔 주시게나

헤어지는 연습

가슴에 쏟아지는 빗줄기
소리없이 씻기는 그리움
헤어지는 연습을 하며 산다

해지는 낯선 개울가에 앉아
풀꽃을 따서 물 위에 띄워본다
그대 곁으로 둥둥 떠서 흘러가는 그리움
안타까움에 젖은 가슴을 두드린다

가시라 해 놓고
보내지 못하는 것은
지난 헤어지던 밤이 꿈만 같아서
아직 뜨겁게 남아있는
그대 그리움 때문인가

구름 따라 흘러드는 그대 그림자
여름날 쏟아지는
소낙비 같은 짧은 우리의 사랑
뭉게구름 같이 피어오르는
부드러운 그대의 말
솜사탕같이 달콤한 그대의 속삭임
이제는 그대 모습이
민들레 꽃씨로 날아간 들녘에서
앞으로 닥칠 이별을 준비하며
헤어지는 연습을 하며
이토록 흐르는 강물로 사는가

인생은 한바탕 꿈인 것을
사랑도 바람으로 떠돌다가
어느 작은 풀섶 언덕에
잠시 쉬어 갈 뿐인가

가슴에 내리는 비

이슬 찬 길에
너를 보내고
눈물 보이지 않으려
뒤돌아서는 발길은
가슴이 무너져 내리는
파도소리를 듣는다

비 내리는 어둠 속으로
멀어져 가는 네 모습
보지 않으려
속은 까맣게 타 들어가
하얀 재 되어
시름시름 생기 잃어가던 모습은
여름날 뜨거움에 시드는
마른풀 같았다

흐르는 물길도 막아버린
비 내리는 어둠 속에서
갈 길 잃고 얼마를 더
방황해야 할까

가슴속에 남모르게 내리는
끝도 없는 빗줄기
너를 보내던 날부터
나는 생을 묻어버린
소용돌이치는 강물로
오늘까지 산다

당신

눈 오는 새벽
코끝을 스치는
진한 커피향은
당신 그리움의 숨결입니다

막 잠에서 깨어
부스스한 몸짓마저
그리운
나도 모르게 든 정
오랜 세월 같이한
당신 그리움의 사랑입니다

비 내리는 추억의 장충단 공원

비 내리는 장충단 공원
그 옛날 고목에 기대어
흐느껴 울던 사람

푸르름은 가고
붉은 잎새 떨구는 비가 내려
가슴 적시는
한 번 떠난 사랑은 오지 않는데
안타깝게 찾아들어
갈색 추억으로 붉은 낙엽 쌓인 길
그리움 쓸어안고 우는구나
그대 우는구나

아련한 생각에 걸린 비가
짓궂게 내려 가슴 적시는데
또, 그렇게 가슴을 적시는데

아무 말도 하지 않으면서
이마에 손을 짚고
많은 사랑 속삭여 주던
그대가 떠난 지금
젖은 그리운 꿈이
빈 가지에 걸린다

목화

목화꽃 하얗게 흐드러지던 날
광주리 이고 텃밭에 나가
목화 따는 어머니
다래를 따 입에 물면
섬유질 달콤한 내음
입안 가득 채운다

시집가는 언니
솜 틀어 이불 지어야 한다며
속적삼 젖는 줄도 모르고
이마에 구슬땀 훔칠 새도 없이

문풍지 드세게 우는 밤에도
따사로운 어머니 마음을 덮고
포근히 잠들면
행복한 꿈으로 피어나는 하얀 꽃

반듯한 가르마
무명천 올올히 짜여지는
물레소리 창가에 부서지는 날에도
방바닥 엎디어 읽던
홍루몽 책 속에
마음 실어 놓고

마당에 내려와
기지개 켜면
오리온 별 희미하게 사라질 때까지
그리운 꿈 띄워 본다

잠 못 드는 남자

님 그리다
한밤을 지새우며
잠 못 드는 남자
연분홍 꽃빛으로
눈자위 붉어져도
감을 수 없는 사랑은
한줄기 바람
그대
나 외면해도
그대 얼굴 눈 속에 차
지우지 못하는 아련한 그리움
언제나 그대 향해
눈감지 못해서
꽃비 내리는 외로움으로
떠 있네

*어느 님으로부터 글제를 부탁 받고 쓴 시

*고속철 안에서

아카시아 향기 속으로

아카시아 하얗게 떨어지는 길을
걸어가는 여인아
무슨 생각에 젖느냐

신작로 길 모퉁이 돌아들던
못 맺을 그리운 사랑 그리워
푸른 숲에 하얗게 피어나는 향기 담아
그대를 위해 꽃을 드립니다

그대를 보내고 가는 길에
그리움의 비가 내리네
그리움이 젖어드네
꽃잎이 지네

아
사랑에 젖은 눈
뒤돌아보며 돌아서는 발길
아쉬움으로 물들어 떨치지 못하네

슬픈 여인의 초상
아카시아 떨어진 길을
고개 숙여 걸어가는 슬픈 여인아

영혼 불멸의 사랑

하얀 장미는
순결한 사랑을 노래하지

하얀 장미 봉오리는
당신에게 정말 잘 어울려요
라고 말하지

순결한 장미
곱디 고운 너

심술 난 바람이
옷소매 걷어붙여
가슴을 두드렸지

퍼런 멍 들여
푸른 장미 만들기 위해서

바람은
심술 난 바람은
밤새 하늘빛 푸른 물 퍼다가

하얀 너를
푸르게 목욕시켜
푸른 장미를 만들었지

영원히 변치 않는
나만의 사랑을 위해

아 사랑
영혼 불멸의 내 사랑아

만리포 사랑

사랑이 아파서 아파서 걸었네
물빛이 고와서 고와서 걸었네
끝없이 밀려오는 파도여
무엇을 내게 말하려느냐
해안선 멀리
끼룩대는 갈매기도
푸른 하늘빛 물들어서 우느냐
물빛 마음이어서 우느냐
외로운 눈물 쏟아 놓은
푸른 바다 건너에
그대가 있을 것 같아
물새의 발자국 따라서 걷다가
소라의 기다림
물결의 노랫소리
귀에 대고 들어 보렴
그대의 목소리가 들리는 듯
부르는 소리 들리는 듯
가고 싶은 마음 간절해라
붉은 해 지는 바다 건너에
그대가 있네

보고 싶다는 몸부림으로
하얀 물거품이
밀려 밀려서 파도 쳐 오는데
그림자 길게 드리운
놀빛 물드는 마음
그대가
저 바다 건너 멀리에
찬란히 빛나는 놀빛 너머에 있네
그리움이 핏빛으로 물들어 있네

푸른 장미
ㅡ비바람에 꽃잎 지우며

그리움의 눈물로 떨어지는 꽃잎
임의 가슴 푸르게 물들였나요

갈 수 없는 아픔이
푸른 계절 비바람에 꽃잎 지우며
남몰래 내 가슴에 왔다가는 길이였나요

이제 혼자서 피워 지워낼 사랑이라면
푸른 숲에 널어놓으렵니다

임이여
피우지 못할 꽃이라고
잊혀지지 않는 얼굴이 있다고
눈물로 지워내는 가슴 한 켠 깊숙이
자리한 그림자가 있다고
왜 말 못하셨나요

나 이제 그대 향해
그립다고 전하지 않으렵니다

흐르는 눈물방울도
말없이 가슴에 묻다 보면
날마다 샘솟는 그리움도
외로움으로 맴돌다가
언젠가는 지워지겠지요

임의 아픔이 너무 아려서
감히 근접할 수 없음이기에
푸르게 맺히는 꽃잎마다
가슴으로 토해내지 못하고
다시 묻으렵니다
그러다 보면 지워질 날 있겠지요

아 사랑
영혼 불멸의 내 사랑아

그리운 꿈속의 내 사랑이여!
영원히 안녕!
안녕!

* 푸른 장미 꽃말: 영혼불멸의 사랑 꿈속의 이상
마법의 세계에서는 희망의 상징 이상의 세계

밤비에 꽃잎 지고

임이 왔다가
소리없이 떠났는가
꽃잎마다
진주로 사연 남겨 놓고

슬픈 사랑이 내렸는가
꽃잎마다
눈물이 맺혀있다

섬진강 줄기마다
피어나든 꽃잎도
밤비에 져버렸네
떨어져 가네

꽃잎 지던 밤에
꽃잎 지던 밤에
비바람 몰아치던 언덕엘
찾아갔었네

사랑은 그렇게
한순간 왔다 가는가

비바람에 꽃잎은 지고
그대 눈 속에 가득 찬 사랑도
비바람에 비어가고
사과꽃 향기나던 입술에서
향기도 사라지네

내리는 밤비에
꽃잎마다 맺힌 눈물로
사라진 사랑
영롱함이 더욱 슬프다

번지점프

공중에 몸을 매달고
새처럼 날아 보자

그림자 붙들어
놓지 못하는 그리움

창공을 향해 두 팔 벌리고
뛰어 내리자

발아래 푸른
강물 위로

보고 싶으면
차라리 눈을 감고

팔 벌려
날개를 펴고

점프
점프

제4부
들꽃으로 다시 피어

섬

바다 건너 저편으로
출렁이며 떠 있는

한점 구름 두고
꿈이 아쉬운 한낮

파아란
향수가 조으는
가물가물 외딴 섬

1968.6.22.(고2)
중앙일보사 중앙시조에 실린 글

갈대

스치는 바람에도
손짓을 하고

지나는 길가에도
흩날렸다

이 겨울이 지나면
말라진 줄기들이
허무하게 썩어 질 것을….

그렇게 아쉬워
몸부림을 치나 보다.

1968.9.21. 주간조선에 실린 글

벗님에게

벗님이여!

나는 오늘도 조그만 거울 앞에 앉아 아름답게 화장을 하노라면 문득 당신이 생각난답니다.

선이 가느다란 눈썹이며, 오뚝한 코, 그리고, 빨간 장미 잎만큼이나 붉어 더욱 선명해 보이던 야무진 조그만 입술. 장미의 신이 그 얼굴에 피어난 듯 불그레 아름다워 보이던 모습을…….

짙은 레몬 향기 같기도, 아니면 오월 훈풍에 실려 오는 라일락 내음 같은 게 항시 몸에 배어 은은함을 풍기던 독특한 내음은, 당신의 방 전체에 맴을 돌고 있었죠.

당신을 찾아갈 때면 언제나 당신은 자그마한 거울을 들여다 보며 눈인사를 했죠. 그리고는 하다만 눈화장을 정성들여 계속 했었어요. 까만 속눈썹에 가느다랗게 선을 그어 가면 하늘의 푸른 별이 온통 내려앉은 듯, 아름답게 빛나 보이던 당신의 눈.

벗님이여!

여자란 한 송이 목련화처럼 청순하면서도 고와야 한다고 하셨죠. 당신의 그 여자다운 향기로움을 난 이제야 알 것 같습니다. 누구나 사랑하게 되면 더욱 아름답게 그 사람 앞에 있고 싶은 것이 여인의 욕망이란 것을 강조하던 당신의 마음…….

하얀 목련화가 뚝뚝 떨어지던 어느 날, 그날따라 유달리 아름다워 보이던 당신의 모습에 한 가닥 지워지지 않는 까닭 모를 우수가 자리했었다는 것을 겨우 이해할 것같은 생각이 들었답니다. 백목련 꽃 그늘에 앉아 졸음에 겨운 듯, 작은 손거울을 들여다 보던 당신의 곱게 빗어 내린 까만 머리 위로 노오란 드레스 위로, 발밑으로, 불어오는 바람결에 꽃잎은 자꾸 떨어져 쌓여 갔었답니다. 그때 왠지 당신은 입술을 씰룩이며 고개를 푹 파묻어 버렸지요.

서글프도록 아름답던 당신의 모습에, 이국의 미녀가 무지개를 타고 내려온 듯 황홀함에 빠져버린 내게, 뭔가 비밀을 들켜버린 듯한 기분이 들었든지, 빨갛게 물이든 얼굴로 부끄러움을 지워 없애버리기라도 하듯이, 씁쓸히 웃음 지우던 봄비처럼 가슴에 젖어드는 당신의 서글픔이 잊혀지지 않는답니다. 여자는 남이 많이 보아 주기를 원해서 아름답게 꾸밀 줄 안다고 했지만, 사랑할 줄 알기에 아름다워지고 싶은 것이 여자의 마음이라고 하고 싶습니다.

사람은 누군가를 사랑하지 않으면 외롭던, 아니 사랑하기 시작하면 더욱 강한 외로움의 굴레를 쓰고 더욱 아름다워지고 싶은 열망은, 여인의 아름나움이 잠재의식이었던 어린 시절 벗님과 함께 울 밑에 앉아 손톱에 꽃물들이던 시절부터였었답니다.

벗님이여!

이제는 당신만큼이나 성숙하게 거울 앞에 선 내 모습에 뭐라 한마디쯤 해줘야 하지 않겠습니까?

통곡이라도 하고 싶은, 나의 이 애달픈 마음도, 한 가닥 바람도 외면하고,왜 바보같이 오지 못할 길로 가서 말이 없습니까?

벗님이여! 벗님이여!
목련이 뜰에 지는 봄날,
왠지 불안에 떨던 당신의 빨간 입술이 생각 날 때면,
당신을 향한 그리움에선지, 사랑할 줄 앎에선지,
당신이 일러 주신 나만이 지닌 개성미를 가꾸기 위해
더욱 섬세하게 오래도록 거울 앞에 앉아 화장하는 버릇이 생겼답니다.
당신이 떠난 지금,
당신을 사랑하고 또 사랑하기를 배웠으므로,
언제까지나 고운 모습으로 있고 싶은 것이 여자인 나의 가장 진실한 마음이랍니다,
벗님이여!
별이 기울기 전 당신의 아름다움을 다시 한번 회고하며,
안녕을…….

1975.3.9.
태평양화학 아모레 월간 향장 제3회 여성문예당선작

불면의 밤

가슴에 이는 불길
용광로 보다 뜨겁다

까마득 헤메이는
어둠 속 그대 마음

말로는
다 못할 그리움
활활타고 있는데

왔다간 기색 없어
애간장 태우는 밤

충혈된 눈에 가득채운 얼굴
먼동이 뿌옇다

못맺을
인연 왜 만들어
가슴 하얀재 되는가

오월의 나무

어여쁜 모습으로
내게 다가오던
아카시아 꽃향내가
그윽했던 오월의 숲에
마주앉아서
훗날의 꿈을 얘기했었지

잔디에 팔베개하고 누워
하늘을 보던
그때가 어제련 듯
꿈을 펼쳐 놓았던
물빛 하늘이 가슴에 가득 고이던
오월의 나무 아래
잔잔히 피어나든 정도
주름살만큼이나 깊어라

이제는
당신의 귀밑머리에도
연륜처럼 서리가 내리고
우연히 마주친 얼굴이
지금도 붉어져서
수줍게 웃던 옛날 그대로인 것은
마음뿐이네

흐르는 세월은
막을 수가 없어
내 아이들이 그때처럼 자라
오월의 나무가 되었어라

그대여!
당신과 나의 꿈을
오월의 나무에 묻어 두고
꽃향기처럼
삽시다 그려!

*노원구 주부백일장대회 "오월의 나무" 우수상(1999년)

엄마의 방

어머니!
당신의 주름살이
굵은 까닭을
이제야 알았습니다
오십 년이 지난
오늘에야 그 속 깊이 흐르던
눈물도 알았습니다

그때는 왜 그리도
엄마의 방에서
자꾸만 헤어나려 했는지

면사포를 쓰던 날
하염없이 흘리던
어머니의 눈물의 의미를
이제야
딸자식 머리에 면사포를 씌우고
웃어야 할 방에서
그때처럼 눈물을 흘리고 있습니다
해를 더하면 할수록
늘어나는 주름살만큼이나
걱정이 많으셨던 내 어머니처럼

진종일
비를 들고 꿈을 쓸면
빨려드는 것은
쑤시고 아픈 육신
내 자식이 나처럼 그런 세월이 되지나 않을까
염려에서 흘리던 눈물의 의미를
이제야 겨우 알 것 같습니다

시리도록 눈부시게 아름다운 계절에
엄마의 방에서
내게 들려 주시던 말을
내 품에서 헤어나
엄마의 방으로 가는
딸에게
들려주고 있습니다

몇 년째
거동도 못하시고 누워만 계시는 어머니
딸녀을 내 방에서 내보내고
가봐야겠습니다
이십여 년 전
세월의 깊이만큼이나
꿈을 묻었던 그 방에….

*서울시 여성백일장대회 "엄마의 방" 수상(2000년)

감

가을의 입김 속에
찬서리 이고 열린 감

국향에 취해
수줍어 붉히는 두 볼은

저무는
저 해를 불러
남은 꿈을 꾸는가?

1969.10.3.(고3학년)
전라예술제백일장대회 차하

구름재 스승님 앞에

초인종 소리에 백발 성성하신 스승님이
반기는 목소리 젖어 있어 마음 아프고
옛 얘기 시간 가는 줄 몰라 해 저물어 일어서다

만류에도 마다 않고 허리 굽은 모습으로
아파트 귀퉁이까지 나오셔서 손 내저으며
저만치 멀어저 가는 우리에게 손짓하네

정이 깊으신 건 예나 지금이나 한가지로
제자 사랑이 크신 스승님 그 모습
받은 정 크나큰 사랑 이 어찌 다 말하리

소외된 이웃과 함께하는 봉사의 보람

여린 연둣빛 나뭇잎이 따가운 햇빛도 마다 않고 짙어만 가는 계절의 한가운데 유월은 주변에 많은 것들을 다시 생각하게 하는 시간을 갖게 합니다.

저는 나이 마흔에 낳은 늦둥이 외아들과 남편과 셋이서 살고 있는 적십자 자원 봉사원입니다. 제가 적십자사와 인연을 맺어 봉사를 하게 된 것은 집안이 일시적으로 어려움에 처해있을 때 저소득 구호를 받았는데, 이때 도와준 친구가 적십자 자원 봉사원이 되어보지 않겠냐는 제의를 하여 봉사를 시작한 지 오 년이란 세월이 흘렀습니다. 처음엔 무엇을 어떻게 해야 할지를 몰랐으나 IMF 이후 실직자와 독거노인의 재가복지 그리고 무료급식 자원봉사를 통하여 이사회에 하나의 촛불이 되어 음지에서 묵묵히 일하고 있는 자원 봉사원들이 많이 있다는 것을 알게 되었습니다.

봉사를 시작한 지 얼마 안 되어 동사무소 사회복지 담당자의 요청으로 재가복지 대상자와 연결이 되었습니다. 그 집은 부인이 심폐 동시 이식자로서 누군가가 심장을 기증하지 않으면 살 수 없는 중병을 앓고 있었는데 얼굴은 퍼렇고 손은 실오라기 같았으며 숨은 헐떡거리며 간신히 쉬고 있었습니다. 그 남편은 한쪽다리를 목발에 의지하고 사는 장애인 가족인데 엎친데 덮친다고 그분의 어머니는 허리수술이 아물지 않아 죽을 때까지 복대를 하고 살아야만 하는 치매노인으로, 아내를 입원시킨 후 어머니를 돌볼 수가 없어서 장애노인 복지관에 입원시키고 온 가족이 뿔뿔이 흩어져 살아가는 기막힌 상황이었습니다.

그 집을 처음 방문하던 날, 저는 그 집을 나오면서 한없이 울었습니다. 나만 힘들게 사는 줄 알았는데 이렇게 나보다 더 어려운 이웃이 있다는 것은 저로서는 너무나 충격적이었습니다.

"병원에서는 더 이상 치료할 방법이 없다고 하니 퇴원해야 한다,"고 힘없는 목소리로 남편이 말을 하는데, 이제 나이 겨우 서른다섯, 한참 어여쁜 주부로서 살아가야 할 나이에 얼마 살지 못하고 죽는 날만을 기다려야 하는 그 부인의 처지가 너무나도 가슴 아팠습니다. 봉사를 하고 돌아와서 평소와 같이 남편에게 저는 이런 이야기들을 하였습니다. 처음에는 우리 같은 형편에 봉사는 무슨 봉사냐고 핀잔도 많이 주던 남편이었습니다. 그러나 신체 건강해서 다른 사람을 도와주는 깃민으로도 축복이고 감사하며, 항상 봉사하는 가운데 마음의 평화를 느끼는 나를 보던 남편이 이제는 저소득구호를 할 때나 재가복지를 할 때 무거운 것은 기꺼이 차량으로 실어다 주고 있으며, 중학생이 된 아들에게도 엄마가 하는 일을 많이 도와주라는 당부도 잊지 않는 답니다.

많은 자원봉사자가 거의 대부분 여자입니다.

이제는 남자와 여자, 性을 구별하지 말고, 함께 어울려 어려운 이웃을 돕는 일에 적극 참여한다면 그렇게 힘들지만은 않을 거라는 생각을 갖게 합니다. 이웃을 돕는 것은 조그만 관심과 사랑만 있다면 얼마든지 가능한 일입니다. 그래서 그들에게 조금씩 나누어 주고 함께 웃으며, 남자와 여자가 함께 도우며 더불어 살아가는 밝고 아름다운 사회를 만들면 얼마나 좋을까요?

*심장병을 앓던 그 부인은 34세라는 젊은 나이에
신촌 세브란스 병원에서 입원하다
퇴원하는 일 계속하다가 그 이듬해 가을에 심장 기증자가 없어
조용히 세상을 떴습니다. 시간이 4분이어서 글이 짧습니다.

* 2001년 노원구 여성제언대회 최우수상
* 여성주간기념 제8회 서울시 여성제언대회 여성연합회장상

고향 1

고향은 고운 눈매를 한 사람이 머문다.
산과 같이 살아온 마을이 있고
진달래처럼 붉어 가는 너와 나의 어린 시절이 있고
그리고 뜨거운 입김이 있다.

꾀꼬리 한나절 울음에 목이 쉬면
하얀 살구꽃 소복이 피어나는 곳.
산마루, 푸른 강 언덕들은
어머니 품처럼 포근한 고향.

낙엽이 물드는 시월이면
시나브로 떨어지는 낙엽 따라
먼 강 어구에 흘러가는 구름을
강변의 갈대들이 아는 체 고개짓하고,
석양에 외로운 나룻배 닻을 내리던 고향.

그을린 얼굴에 저무는 세월이 보낸
주름살마다 사연, 사연들.
그러나 고향은 고운 눈매를 한 사람이 머문다.

그리움 종이배 타고

그대 향해
가슴에 떠있는
푸른 별을 따다가
장밋빛 사연 소망 접어
바다에 종이배 띄워 보내면
그대 그리웠다는 말
행여
물결 타고 닿을까
오늘도 종이배 띄우려
바닷가에 나가 보네
아무리 소리쳐 불러도 님은 대답 없고
부르는 소리 되돌아 와
어쩌면 닿을 수도 있으련만
가슴에 파도 쳐 부서지는
그대의 향기
허공 멀리 하늘가에
안타까이 별빛에 묻히는 그리움이여
보고픔에 떠가는 종이배를 보며
물에 젖은 푸른 별을 안고 잠이 들면
그대는 꿈속에나 머물려는지
고운 꿈 가득 싣고
먼 푸른 바다 건너

한아름 꽃을 안은 그대가
연분홍 환한 웃음 지으며
띄워 보낸 종이배 타고 이곳까지
물결쳐 다가오네
그대 잡으려 손 내밀어 휘저어 봐도
잡히지 않는 그리움만
가슴을 후벼파고 들뿐인데
그대여
허망한 꿈속 눈물 젖은 그리움일지라도
자주 와 머물다 가거라
내 아픔 스러지는 날까지
날마다날마다 바닷가에 나가
나는 그대에게
푸른 종이배에 그리움 접어
띄워 보내 줄게

*뉴욕에서 죽은 친구가 그리워 쓴 시

들꽃 되어 피거라

머나먼 이국 땅에
친구여
들꽃 되어 피어나거라

터지는 오열
어이하라고
그대 앞서 가는가

사랑하는 이 남겨 두고
무엇이 그리 급하여 인사도 없이
먼저 가야 했는가
사랑한다면 왜
못 올 길 가는 거야
되돌아서서 올 수는 없는 거야

슬픔 한 자락 가슴에 묻고 살아가는 우리
한번은 가야 할 길이지만
그대 그리워 가슴 빛 피멍 되어
목이 터져라 외치며
하얀 꽃 그리움으로
돌아서서 울어라

그리운 사람은 흙이 되어서도
만난다 했으니
언젠가는 우리
들꽃으로 피어 다시 만날 거야
그때 만나면 이승에서 못다한 그리움
풀어나 보자

사랑이 슬픈 거라면
우린 왜 사랑을 했을까
그대 떠난 빈자리
슬픔만 짙게 깔려
걷힐 줄 모르는 안개인 것을…….

*2004년 2월 19일 먼 이국 땅에서 간암으로 죽은 친구의 남편이 부인을 묻고 온 날 전화를 받고 친구에게 갈 수 없는 그리움의 조의를 표하며 어떠한 말로도 믿지 않겠지만 나, 변명 아닌 변명을 하며 그대에게 이 글을 씁니다

박일소 시인 시집

꽃 아래 마음의 거울, 놓고

인쇄 2009년 8월 20일
초판 1쇄 발행 9월 1일

지은이 박일소
펴낸이 전형철
편 집 유진플러스
웹디자인 오정원

펴낸 곳 도서출판 모던
등록번호 제 16-9544 / 2003년 10월1일

인쇄 유진플러스
후원 월간 모던포엠

서울시 중구 을지로 3가 326 상지빌딩 201호
전화 02-2271-0050 팩스 02-2272-1005
이메일 mopo64@hanmail.net

ISBN 978-89-93369-07-6 03510
정가 9.000원